Diakon Werner Kießig

Gedichtete Gleichnisse

Diakon Werner Kießig

Gedichtete Gleichnisse

Bernardus-Verlag 2021

Impressum

1. Auflage 2021

Printed in Germany

Bernardus-Verlag
Verlagsgruppe Mainz
Süsterfeldstraße 83
52072 Aachen

www.bernardus-verlag.de

Gestaltung, Druck und Vertrieb:
Druck & Verlagshaus Mainz
Süsterfeldstraße 83
52072 Aachen

www.verlag-mainz.de

Abbildungsnachweis
https://commons.wikimedia.org/wiki/File:Starlight_sower_(1)_by_artist_HAI_KNAFO_2011_inspired_by_Or_Zaruaa.jpg

ISBN-10: 3-8107-0343-5
ISBN-13: 978-3-8107-0343-9

Inhalt

Hab aus dem Alten Testament
ein paar Geschichten euch berichtet
danach hat mancher, der mich kennt,
gefragt, ob ich vom Neuen nichts gedichtet.
Ich sagte nein, doch hat bisher
die Frage mich nicht losgelassen,
gelungen ist es mir nunmehr,
auch da in Verse was zu fassen.
Hab mir die Gleichnisse gewählt,
die ja in eindrucksvollen Bildern
uns nah bringen was wirklich zählt,
und das genau will ich auch schildern.

Der verlorene Sohn

LUKAS 15,11–32

Ein erstes Gleichnis will ich nennen,
das viele Menschen sicher kennen.
Es hat zwei Söhne da ein Vater,
der Jüngere, er macht Theater,
Will nicht mehr nur zu Hause bleiben,
sich selber in der Welt rumtreiben,
»Drum Vater gib mein Erbteil mir
ich bleibe nicht mehr länger hier,
Du hast ja noch den anderen Knaben,
drum kannst du nichts dagegen haben.«

Der Vater gibt ihm, was er will
er streitet nicht, er tut das still
Der Jüngere nimmt nun sein Geld
und zieht hinaus in fremde Welt,

Nutzt seine Freiheit unbeschwert,
meint, dass die Welt nun ihm gehört,
Lässt von dem falschen Glanz sich blenden,
ist einzig nur noch am Verschwenden.

Dass das nicht gut geht, ist doch klar
und eigentlich vorhersehbar.
Auf einmal ist er mittellos
und seine Not ist riesengroß.
Da steht er nun so ganz alleine
ein Weilchen hütet er noch Schweine,
Jedoch zum Leben reicht das nicht,
noch tiefer sinken kann man nicht.
»Was mach ich nur in meiner Not,
droht mir vor Hunger gar der Tod?
Nein, ich werd heim zum Vater gehen,
werd mein Versagen eingestehen.
Nimmt er mich an auch nicht an als Sohn,
find ich als Knecht doch Brot und Lohn.«

Hört weiter nun was dann geschehn
der Vater hat ihn kommen sehn
Ja, er sah ihn von weitem schon

seinen verlor ‘n geglaubten Sohn

Ich stellte oft mir diese Frage,
wie oft der Vater all die Tage
und voll Erwartung ungewiss,
den Weg zur Tür gegangen ist.

Da steht der Sohn, das schwarze Schaf,
ganz demütig, schamrot und brav
bekennend kleinlaut seine Schuld.
Der Vater schon, vor Ungeduld,
hört kaum die Bitte um Erbarmen,
umfängt ihn fest mit seinen Armen.

Wie hast, mein Sohn, du mir gefehlt,
jetzt bist du hier - das ist's was zählt.
Das Mastkalb macht zum Mahl bereit,
gebt ihm ein neues, schönes Kleid,
Steckt einen Ring an seine Rechte,
Vergessen woll'n wir alles Schlechte
Der tot war, lebt, ich hab ihn wieder,
das feiern wir und singen Lieder.

Vom Felde kam der andere Sohn
und hört das Fest von weitem schon,
Will nicht hineingehen zu dem Schmaus,
jedoch der Vater kommt heraus.
Hört sich Beschwerden an und Klagen,
Um dann zum Älteren zu sagen:
»Du warst die ganze Zeit bei mir,
was mir gehört, gehört auch dir.
Komm, feier mit, lass deinen Groll!
dein Bruder lebt, das ist doch toll!«

Ob er nun ging, steht nicht geschrieben,
Doch ich bin sicher, meine Lieben,
dass er zum Feiern ging hinein -
bei solchem Vater wird's so sein.

Von den Talenten

MATTHÄUS 25,14–30

Ein Gleichnis, das mich ganz privat
vor langer Zeit getroffen hat,
mich monatelang stark bewegt
sich mir als Frage vorgelegt,
will ich als Nächstes nun erzählen.
Es darf ganz einfach hier nicht fehlen.
Es geht mal wieder um Talente
und was man damit machen könnte,
im Gleichnis ist es zwar Vermögen,
doch muss man sich so fest nicht legen.
Ein Mann will eine Reise machen,
doch vorher klären seine Sachen -
kurz um, sein Hab und Gut verteilen
eh in die Welt er will enteilen,
ruft seine Knechte eins, zwei, drei

zu dem Verteilen nun herbei,
gibt fünf Talente gleich dem ersten,
der war vielleicht am ehrenwertsten.
Dem nächsten zwei, dem dritten eins.
Das war‘s, denn weiter gab es schließlich keins.
Der Mann reist ab, die Zeit vergeht,
bis vor der Tür er wieder steht.
Fragt, jeden nun und mit Bedacht,
was mit der Gabe er gemacht.
Der erste sagt: »Fünf gabst du mir,
zehn bringe ich dir heut dafür,
die ich für dich dazugewann,
drum nimm es hin und freu Dich dran.«
Da sprach der Herr: »So ist es recht,
du bist schon ein sehr guter Knecht,
weil du getreu schon hier im Kleinen,
will es mir richtig nur erscheinen,
dass ich dir großes übertrage,
und ich weiß wohl, was ich da sage.
Nimm drum an meiner Freude teil,
es werde Segen dir und Heil.«

Der zweite sagt: »Aus zwei mach vier!«,
voll Dank und Freude, »bitte, hier
ist nun das Doppel deiner Gabe,
die ich von dir erhalten habe.«
Der Herr ist dankbar und ist froh
und spricht zum zweiten ebenso,
wie er schon sprach zum ersten Knecht
für ihn läufst also auch nicht schlecht.

Der dritte machte es sich leicht,
vergrub das Geld und meint, es reicht,
dass er dem Herrn es irgendwann
ganz einfach wiedergeben kann.
So kommt er nun und er erzählt:
»Hier ist dein Geld und nichts dran fehlt,
ich wusst, du bist ein strenger Herr
und darum fürchtete ich sehr,
dass irgendwas passieren könnt,
und so vergrub ich dein Talent
bring es dir unversehrt zurück,
dass nichts dran fehlt, ist ja mein Glück.«

»Du irrst, mein Freund, das ist kein Glück,
das ist ein ziemlich starkes Stück.
Es geht nicht nur um Zugewinn,
Doch brächtest du's zur Bank dorthin,
wär nicht vergeblich, was ich gab.
nein, es gehört nicht in ein Grab.
Nehmt nun was ich einst gab ihm weg,
bei ihm erfüllt es keinen Zweck
gebt's denen, die es besser machten,
die richtig handelten und dachten.
Und diesem faulen schlechten Knecht
ergehe nunmehr es auch schlecht,
wer hat, dem wird gegeben werden,
das ist bis heut so hier auf Erden,
wer nicht mit seinen Gaben handelt,
am Ende nur im Finstern wandelt.
Nun wird auch euch ein bisschen klar,
warum dies Gleichnis wichtig war
für mich und meinen Werdegang,
ich sag noch immer dafür Dank,
für all das, was er mir gegeben,
Ich nutzen durft in meinem Leben.«

Arbeiter im Weinberg

Matthäus 20,1–16

Immer geht es in der Welt
stets um Macht und ja, um Geld.
Anders ist's im Himmelreich,
dazu kommen wir jetzt gleich.

Ein Mann, der einen Weinberg hat,
geht morgens auf den Markt der Stadt,
sich ein paar Arbeiter zu suchen,
für seinen Weinberg sie zu buchen.
Der Tageslohn ist ein Denar,
so wie es dort auch üblich war.
Hat dann im Abstand von drei Stunden
auch wieder andere gefunden.
Bis zum Nachmittag ging das so

und alle Arbeiter warn froh,
dass einer ihnen Arbeit bot,
bewahrte sie das doch vor Not.
Für alle galt auch der Betrag
als Lohn für diesen Arbeitstag.

»Ruf alle, die zur Arbeit kamen
am Feierabend jetzt zusammen!«,
so sprach der Herr zu dem Verwalter.
»Schau nicht auf Größe, nicht auf Alter
zahl jedem, der hier tätig war,
nun den vereinbarten Denar.
Beginn bei Letzten, nicht bei Ersten
die sicher hatten es am schwersten.«
Die letzten nahmen ihren Lohn,
einen Denar, wir wissen's schon,
doch die, die schufteten so schwer
bekamen aber auch nicht mehr,
obwohl sie nun auf mehr gehofft.
So ist im Leben es ja oft.
Sie haben sich drum auch beschwert,
dass sei doch ungerecht, verkehrt,
drauf sagt der Herr: »Gemach, gemach,

Ihr habt gekriegt, was ich versprach,
ich habe euch doch nicht betrogen.
Doch bin auch andren ich gewogen.
Seid neidisch ihr, weil gut ich bin,
habt ihr das eigne nur im Sinn.«

Merkt drum wie dieses Gleichnis endet.
Gott rechnet nicht. Nein, er verschwendet.
er gibt dem Letzten wie dem Ersten,
das zu verstehen ist wohl am schwersten,
weil wir, das ist nicht übertrieben,
nicht annähernd wie er schon lieben.

Vom unbarmherzigen Diener

Mathäus.18,23–35

Will man in Frieden miteinander leben,
geht es sehr oft auch ums Vergeben.
Petrus stellt Jesus mal die Frage,
was er zu diesem Thema sage.
Wie oft man wohl vergeben muss,
ob nicht nach sieben Mal sei Schluss.
Sieben mal siebzig, sagt der Herr,
wohlwissend, dass das sicher schwer
und fügt, dass man's verstehen kann,
ein Gleichnis gleich noch hinten an:

Ein König schaut in seinem Reich mal wieder
nach dem Rechten

und prüft das Tun und Lassen von allen seinen
Knechten,
Ob sie zurecht in seinen Diensten stehen,
ob sie an seinem Eigentum sich nicht vergehen.
Da wird sogleich ihm einer vorgestellt,
Der schuldet ihm ne Menge Geld
zehntausend Talente, ein gewaltiges Gewicht,
das tragen zwölf riesige LKWs nicht.
Wie kann solch Schuldenlast denn einer noch
begleichen
und doch ließ sich der König wohl erweichen.
Denn als der Schuldner reumütig erbat Geduld,
erließ der König ihm gar diese Schuld.
Uns stockt der Atem fast, was weiter hier
geschieht,
als der Beschenkte einen seiner Schuldner sieht:
Der steht mit dreihundert Denaren bei ihm in
Kreide
er packt ihn, würgt ihn und zieht ihn am Kleide.
Hört nicht die Bitte um Geduld und Erbarmen,
lässt ins Gefängnis werfen den Mann, diesen
Armen.
dreihundert Denare: ein Häufchen, kein Berg,

der Schuldner kein Riese - ein winziger Zwerg,
gemessen an dem, was erlassen dem einen,
bei manchem Verhalten kann man nur noch
weinen.

Die Knechte des Herren, die alles gesehen,
berichten dem König dies üble Geschehen.
Der König ist ob des Verhaltens empört,
wer wäre da nicht, den so etwas stört.
»Hab ich deine Schuld erlassen dir nicht?
so dankst du es also, du elender Wicht.
Hättest du nicht genauso erbarmen dich müssen
hast du gar kein Herz, hast gar kein Gewissen?
Nun sollst du am eigenen Leibe es spüren,
wohin so ein böses Verhalten wird führen:
Das, was du dem anderen hast angetan,
das tut man in Härte auch dir nunmehr an.«

Darum, meine Lieben, seid stets auf der Hut,
ob das, was ihr tut auch wahrhaftig gut.
Denn mit dem Maß, mit dem ihr andere messt,
wird einst man euch messen - das niemals
vergesst.

Der arme Lazarus und der reiche Prasser

Lukas 16,19–31

Es macht der Wohlstand Herzen hart,
wie ihr sogleich es jetzt erfahrt
und in der Bibel es geschrieben
und so ist's immer, meine Lieben.
Ja, so wie einst ging's in der Welt
schon immer mehr um Macht und Geld.
Dazu das nächste Gleichnis nun,
auch das passt in das heut'ge Tun,
hört also zu, was Jesus spricht,
vergesst nur dieses Gleichnis nicht.

Da lebte in nem großen Haus
ein reicher Mann in Saus und Braus,

da gab es üppig, reiche Feste
und viele gut betuchte Gäste,
‚Dir geht es gut, du kannst dir's leisten',
so denken immer wohl die meisten.
Und während drinnen Überfluss,
da draußen einer hungern muss.
Für Lazarus, voll von Geschwüren,
da öffnen sich wohl keine Türen,
der kriegt nur Mitleid von den Hunden,
die lecken heilend seine Wunden.
Ob arm ob reich, ob gut, verdorben
das Ende ist: Es wird gestorben.

Keiner weiß vorher, wie und wann,
nun kommt die Frage: und was dann?
erleichtert stirbt der Lazarus:
mit seinem Elend ist nun Schluss.
Und Jesus sagt, die Engel kamen,
in Abrahams Schoß sie ihn mitnahmen,
dass dort von allen Übeln er
in Ewigkeit erlöset wär.

Die große Frage: Und was dann?
stand auch bald für den Reichen an.
Er muss erleiden Höllenqualen
und für sein hartes Herz bezahlen.
Da schaut er Lazarus dort oben
bei Abraham gut aufgehoben
und ruft um Hilfe flehentlich:
»Ach, Abraham, erbarme dich!
Schick doch den Lazarus zu mir,
dass er die Zunge mir kühlt hier,
ein Tropfen Wasser tät schon gut
in dieser unsäglichen Glut.«
Doch Abraham zum Reichen spricht:
»Es ist zu spät. Nein, das geht nicht.
Bedenke deiner Lust auf Erden,
wo Lazarus nur hatte Beschwerden,
jetzt wird ihm Freude, Trost und Heil
und du empfängst das Gegenteil
und außerdem: es führt von hier
nicht Weg, nicht Brücke hin zu dir.«
Darauf der reiche Prasser wieder:
»Schick Lazarus, der warnt die Brüder,
dass ihnen nicht das Gleiche droht.

Ssie haben doch Gottes Gebot,
sie haben Mose. Die Propheten
hör'n sie, bewahrt werden sie von Nöten.«
Der Reiche darauf aber spricht,
»Auf alle die hören sie nicht,
wenn wer vom Tode auferstünde,
dann würden meiden sie die Sünde.«
Doch Abraham drauf zu ihm spricht:
»Hörn sie bisher auf die auch nicht,
dann wird es auch nicht anders gehen,
würde ein Toter auferstehen.«
Und das, glaubt mir, ihr lieben Leute,
ist auch kein bisschen anders heute.

Gleichnis vom barmherzigen Samariter

Lukas 10,25–37

Was einem Menschen völlig klar,
findet ein anderer sonderbar,
was einem ganz vernünftig scheint,
ein anderer sogar verneint,
und manche wollen gar probieren,
aufs Glatteis andere zu führen,
so haben das, was Jesus sagt,
schon damals manche hinterfragt.
Nicht selten, weil sie das nicht wollten,
was sie nach Jesu Meinung sollten.
So wurde er auch mal gefragt,
was er zum Himmelkommen sagt,
was man müsst wohl zuwege bringen,

sollt das Hineinkommen gelingen.
Und Jesus sagt, es steht geschrieben,
dass man von Herzen Gott soll lieben
und auch den Nächsten nebenan
so gut man jedenfalls es kann.
Damit war alles klar gesagt,
jedoch der Pharisäer fragt:
»Wer ist aber der Nächste nun,
dem ich soll Liebes, Gutes tun?«
Und Jesus, Nein, er zögert nicht,
in einem Gleichnis Er nun spricht:

Ein Mann ging unbeschwert und froh
an einem Tag nach Jericho.
Doch hat er nicht erreicht sein Ziel,
weil er unter die Räuber fiel.
Die nahmen ihm sein Hab und Gut
und schlugen ihn in blinder Wut
und eigentlich ganz ohne Not,
dabei auch sogar fast noch tot.
Er meint, dass das das Ende sei,
doch da kam ein Levit vorbei.
Der arme Mann begann zu hoffen.

Doch hat mit dem er‘s schlecht getroffen.
Der geht vorbei, hat keinen Blick
für dieses Armen Missgeschick.
Danach auch noch ein Priester kam,
auch der von ihm Notiz nicht nahm.
Dann kam ein Samariter an,
er schaute auf den armen Mann,
verband, so gut es ging, die Wunden,
hat auf den Esel in gebunden
und in die Herberge gebracht,
dass er verbringe dort die Nacht
gab auch dem Wirt noch etwas Geld,
dass der ihn ja am Leben hält.
Hat Sorge für ihn übernommen,
versprach sogar ein Wiederkommen
und wenn das Geld bis da nicht reiche,
er auch noch Weiteres begleiche.
Damit war jedem nunmehr klar,
wer für wen da der Nächste war:
wer wie der Samariter handelt
gewiss auf rechtem Wege wandelt.
Das kann auch heut nicht anders sein.
Ich hoffe, das sieht jeder ein.

Gleichnis vom Sämann

Matthäus 13,1–14

Der Herr kam zu heilen, die Tauben, die
Blinden,
den Menschen im Dunkel das Reich Gottes zu
künden.
Das Reich in dem Frieden, Gerechtigkeit wohnt
und das anzunehmen wahrhaft sich lohnt.
Die Botschaft zu hören, nicht nur mit den Ohren,
nicht weiterzuleben, wie Dumme und Toren,
nein, wirklich sein Leben darauf auszurichten,
davon will ein weiteres Gleichnis berichten:

Am Ufer des Sees eine riesige Menge,
es herrschte, wie oft, ein großes Gedränge.

So fuhr mit dem Boot er ein Stück weit hinaus
und lehrte die Menschen vom Boote dann aus.
Wer ernten will, muss guten Samen auch säen,
so sehn einen Sämann zum Acker wir gehen.
Heut geht das nur noch mit großen Maschinen,
die auf riesen Feldern zum Säen heute dienen,
Das war damals noch ganz anders, ihr Leut,
da hat mit der Hand man den Samen gestreut.
Der Sämann ging werfend Schritt für Schritt
übers Land,
auch wenn so nicht alles das rechte Ziel fand.
Da fliegt etwas hin, wo Dornen nur sind,
es weht auf den Wegrand auch manches der
Wind.
Die Dornen beim Wachsen die Saat schnell
ersticken,
dann kommen die Vögel, um Körner zu picken.
Es gibt guten Boden da einzig nicht nur,
Nein, manchmal ist's steinig, so ist halt Natur.
Da reicht es dann einfach nicht, Wurzel zu
fassen.
die Sonne wird schnell alles Grün welken
lassen.

Doch was schließlich endlich auf gutes Land
fiel,
was ja gedacht so vom Sämann als Ziel,
das brachte den Ausgleich und großen Ertrag
ja, 30 und 60 und 100fach
wer Ohren hat, ihr Leut, der hör,
sprach abschließend so dann der Herr.
Als er dann mit der jungen Schar
zu guter Letzt alleine war,
da baten seine Jünger noch:
Erklär uns dieses Gleichnis doch!
Euch, sprach der Herr, kann ich's erklären.
Ihr sollt verstehen, nicht nur hören,
den anderen bleibt das verwehrt.
Sie hab'n das Gleichnis nur gehört.
Sie dürfen mit den Augen sehen
auch hören, aber nicht verstehen
Nicht umkehren, Vergebung finden.
nein, rettungslos verharr'n in Sünden.
Der Sämann sät das Gute Wort
der Wegrand, nun, das ist der Ort,
wo man es hört ist froh gestimmt,
doch Satan rasch es ihnen nimmt

Die Dornen haben dann erstickt,
was ja am Anfang sie beglückt.
Es kam der Alltag, kamen Sorgen,
all das Geringe um das Morgen,
heut sagt man Alltagsstress und Hatz
da war dann für das Wort kein Platz,
Wo steinig flach der Boden war,
da findens alle wunderbar.
Da gibt's kurzzeitig Freude, Jubel,
dann kommt der ganze Werktagstrubel
und plötzlich, ja, man sieht's sofort
ist alle Grüne schon verdorrt.

Die guten Früchte wachsen da,
wo man nicht ruft »Halleluja«
und weiterlebt so wie bisher,
und meint, dass das schon alles wär.
Nein, wo man sich's zu Herzen nimmt
sein ganzes Leben drauf abstimmt,
da ist die Ernte nicht nur schwach.
Nein, 30, 60, hundertfach.
Man stülpt über ein brennend Licht,

ja schließlich einen Eimer nicht.
Nein, auf den Leuchter wird's gestellt.
Das ringsum alles sich erhellt.
Wohl dem, der hört und der versteht,
und drum auf rechtem Wege geht.

Enge Pforte

LUKAS 13,22–30

Hört noch eine Begebenheit,
die von sehr großer Wichtigkeit.
Und die, ich sag das mit Bedacht,
unruhig mich sehr häufig macht.
Wenn Jesus lehrend zog durchs Land,
Sich immer auch ein Frager fand,
der Jesus eine Frage stellt,
und prompt auch Antwort drauf erhält.
So fragt ihn wer, wie wird das sein,
wie kommt man in den Himmel rein,
sinds wenige, sind es gar viel,
die da erreichen noch das Ziel
und so in das Reich Gottes kommen?
Trifft das nur die besonders Frommen?

Der Herr spricht drauf sehr ernste Worte:
Ja, sie ist eng die Himmelspforte.
Und viele gibt's, die sich bemühen
und doch am Ende nicht einziehen.
Die Türe bleibt für sie verschlossen.
Dann steh'n sie draußen, sind verdrossen
und rufen Herr lass uns herein!
Das kanns doch nicht gewesen sein,
wir haben hörend doch bei dir gesessen,
mit dir getrunken und gegessen,
auf unseren Straßen lehrtest du
und jetzt ist diese Pforte zu?

Von drinnen doch der Hausherr spricht:
Ich sage euch, ich kenn euch nicht!
Ihr alle seid nur Übeltäter
und wahrlich nicht Stadt Gottes Städter.
Dann werden sie da draußen stehen,
die Väter und Propheten sehen
und selber jammern, heulen, klagen,
des Lebens Konsequenzen tragen.
Von überall werden die kommen,
die meine Worte ernst genommen,

sie werden mit zu Tische liegen
Anteil an meiner Freude kriegen
und Erste werden Letzte sein
und Letzte Erste, Große klein.

Müht euch darum mit aller Kraft,
dass ihr es durch die Pforte schafft.
Was mich da oft betroffen macht,
wie anfangs ich es schon gedacht,
ist, dass die, die da draußen sind
ja nicht die bösen Fremden sind.
Nein, es sind die, die selbst wir kennen,
die wir gar Schwestern, Brüder nennen
und ja, auch das fällt mir da ein,
ich kann einer von ihnen sein.

Gleichnis von den törichten und klugen Jungfrauen

Matthäus 25,1–13

Nun noch ein Gleichnis kurzgefasst,
das gut zu dem vorher'gen passt.
Der Herr spricht übers Himmelreich
und nennt zehn Jungfraun zum Vergleich
fünf kluge, fünf die töricht waren,
wie wir im Gleichnis es erfahren.
Sie durften alle, wunderschön
dem Bräutigam entgegengehn.
Sie hielten Lampen auch bereit,
man wusst ja nicht, zu welcher Zeit
der Bräutigam tatsächlich käme,
damit's ein gutes Ende nähme,

falls es vielleicht doch würde spät,
wie es mitunter ja so geht.
Drum hielten Lampen sie bereit
und warteten bis wär's soweit.
Zu lange war die Wartezeit,
es überfiel sie Müdigkeit.
Sie schliefen ein, sind aufgewacht,
da war's fast mitten in der Nacht.
Die Lampen spendeten kein Licht,
das Öl, es reichte solang nicht.
Fünf Jungfrau'n hatten kein Problem,
für fünf war es unangenehm.
Sie konnten nicht für Nachschub sorgen,
versuchten drum, sich was zu borgen,
bei denen, die gut vorgesorgt,
die aber haben nichts geborgt
und sagten ihnen ins Gesicht,
für euch und uns, da reicht es nicht.
Geht zu den Krämern in der Stadt,
wo man auf Vorrat Öl doch hat!
Sie gingen fort, der Bräutigam kam-
ein ungut End es für sie nahm.
Die klugen gingen mit hinein

und durften Hochzeitsgäste sein.
Die andern kamen viel zu spät-
die Türe zu, wie es so geht.
Auch auf ihr Klopfen und ihr Schrein
kam niemand raus und ließ sie rein,
Drum mahnt der Herr: Seid wach, bereit.
Es weiß ja niemand, wann die Zeit,
da euch der Bräutigam erscheint,
es geht oft anders als ihr meint,
Dass es euch nicht wie diesen geht
und es für euch am End' zu spät.

Gleichnis vom Himmelreich

Lukas 14,16–27

Jesus setzt das Himmelreich
oftmals einem Festmahl gleich,
wie bei einem Hochzeitsfeste,
eingeladen viele Gäste
und dann kommt das Überraschen:
Manche fülln nur eigene Taschen,
wollen die besten Plätze haben
doch bescheiden ihre Gaben.
Zwei Gleichnisse will ich hier nennen,
die Kirchgänger sie sicher kennen:

Ein Mann bereitet einen Schmaus,
dann schickt er seine Boten aus,

zu sagen, dass zu kommen Zeit,
denn alles wäre nun bereit.
Doch plötzlich woll'n die gar nicht kommen,
der eine hat 'ne Frau genommen
und meint, drum könne er nicht kommen;
'nen Acker kauft ein anderer sich,
drum könne er auch kommen nicht
er müsse diesen erst besehen
und dafür auf's Feld erst gehen.

Ein dritter kauft fünf Ochsenpaare,
das sei schon eine teure Ware
die hätte Vorrang jedenfalls,
entschuldigt d'rum sich ebenfalls.

Kurzum, die Eingeladenen verschmähen
nun hin zu diesem Fest zu gehen.
Der Knecht erstattet den Bericht:
Die Eingeladenen kommen nicht.
Der Herr, erbost, spricht nun zum Knecht:
»Mein gutes Essen wird nicht schlecht,
nur weil die einen es nicht wollen,
drum teil es aus nun aus dem Vollen!

an die, die auf der Straße leben,
an die will ich nun alles geben.
Knecht, hol' die Tauben, Lahmen, Blinden,
hole, wen immer du kannst finden.

Füll damit nun den schönen Saal,
die soll'n willkommen sein zumal
und die aufs Feld zu Ochsen gehen,
die will ich hier nie wiedersehen.«

Dass alle in den Himmel kämen,
ist doch wohl nicht ganz ernst zu nehmen.

Hochzeitsfest

Matthäus 22,1–13

Das zweite Gleichnis, meine Lieben,
scheint uns zunächst doch übertrieben,
wenn aber Jesus selbst so spricht,
steht es wohl doch in Frage nicht.

Am Königshof soll Hochzeit sein,
der König selbst lädt dazu ein.
Die Vorbereitung braucht noch Zeit,
doch irgendwann ist es soweit:
Der König seine Knechte sandte
an eingeladene Bekannte,
es wäre alles nun bereit
und drum zum Kommen an der Zeit.
Dass heute das ganz anders geht,

ihr selbstverständlich wohl versteht.
Kurzum, er schickt halt Boten aus,
zu laden sie ins Hochzeitshaus
zu diesem Fest für seinen Sohn,
das ist ja was Besonderes schon.
Man möcht' nicht glauben, was passiert.
Die Einladung wird ignoriert!
Der eine geht auf seinen Acker,
der nächste macht Geschäfte wacker
und and're schlugen seine Knechte
und taten Ihnen vieles Schlechte,
ja schlugen sie sogar noch tot
als Antwort auf das Angebot.

Dass das dem König nicht behagt
ist nur gelinde hier gesagt.
Der König schickt sein Heer hinaus
und macht den Mördern den Garaus,
lässt ihre Stadt gar niedermachen.
Ja, da vergeht sehr schnell das Lachen.
Die Stadt der Mörder ist vernichtet.
Jedoch das Mahl ist angerichtet.
Wir wolln es nicht verkommen lassen,

geht auf die Straßen, auf die Gassen,
holt, wen ihr findet, groß, ob klein,
arm oder reich zum Schloss herein.
Und sinds gewiss nicht nur die Besten
macht er sie doch zu Hochzeitsgästen.
Am Ende ist der Saal gefüllt.
Ein wahrhaft fröhlich buntes Bild.
Der König ist total entzückt,
bis plötzlich einen er erblickt,
der ohne Hochzeitskleid kam rein,
obwohl es sollte anders sein,
denn schließlich warn für solche Fälle
am Hof ja Kleider noch zur Stelle.
Auf Nachfrage, da blieb er stumm.
Der König nahm zurecht das krumm,
darum den Knechten er befahl:
Entfernt den Mann aus meinem Saal!
Wer sich vergeht an meinem Sohn,
lebt mit der Finsternis als Lohn.
Ich wiederhole, meine Lieben,
das alles ist nicht übertrieben.
Wie viele, die in seinem Namen
als Boten seiner Wahrheit kamen

wurden und werden heut bedroht,
wie viele finden heut den Tod.

Gleichnis vom Pharisäer und Zöllner

LUKAS 18,9–14

Ein Gleichnis noch erzähl ich jetzt
für jeden, der sich überschätzt,
sich selbst gerecht vor Gott hinstellt,
davon gibt‘s viele in der Welt.

Zwei Männer gingen jüngst zum Tempel hin,
zu Gott zu beten war ihr Sinn.
Der Pharisäer, selbstbewusst,
stellt vorn sich hin, geschwellte Brust.
»Von Herzen, Gott Herr, Dank ich dir,
dass ich so stehen darf vor dir,
dass ich nicht so wie andre bin.«

Der Blick geht kurz zum Zöllner hin.
»Nicht Räuber, Mörder, Ehebrecher,
ein sanfter Mensch und auch kein frecher,
nun ja, ich tu auch was für dich.
Zweimal die Woche faste ich,
geb auch den Zehnten dir als Gabe
von alledem, was ich da habe,
kurzum, du siehst es ja allein,
du kannst mit mir zufrieden sein.«

Der Zöllner hinten, schuldbewusst,
schlägt demütig an seine Brust.
Mag kaum den Blick zum Himmel heben.
»Gott sei mir gnädig, rett' mein Leben-
Was habe ich, was bin ich schon?
Ein Sünder, ein verlorner Sohn?«
Hört, was der Herr nun sagt von beiden
und worin sie sich unterscheiden:
Wer selbstgerecht und stolz sich bläht,
von dem, was zählt, rein nichts versteht.
Der Zöllner ist's der's Rechte tut,
drum wird für ihn auch alles gut.

Denn jeder, der sich selbst erhöht,
erniedrigt er vor Gott da steht
doch dem, der demütig sich neigt,
Gott wahrhaft seine Größe zeigt.

Unkraut

MATTHÄUS 13,24–30

Möcht' noch ein Sämann-Gleichnis künden,
wie wir es bei Matthäus finden,
auch da geht's um das Himmelreich
und wieder ist es ein Vergleich.
Hört, was er zu der Menge spricht,
Vergesst auch dieses Gleichnis nicht!

Ein Sämann geht aufs Feld hinaus
und streut den besten Samen aus,
doch in der Nacht, da alles schlief,
ging auf dem Feld nun etwas schief:
Es kam sein Feind, streut Unkraut aus,
geht Hände reibend weg nach Haus.
Es braucht ja alles seine Zeit

und eines Tages ist's soweit,
der Weizen keimt und bildet Ähren,
die Knechte woll'n dem Unkraut wehren
sie geh'n zum Herrn, wie es so geht:
»Hast du nicht gute Saat gesät?
Woher kommt all das Unkraut nun?«
»Das hat mit meinem Feind zu tun.«
»Solln wir es auszureißen gehen?«
»Nein, nein, sonst könnte es geschehn,
dass auch der Weizen Schaden nähm.«

Ist alles grün nur, man's nicht sieht,
was was ist, sprich, den Unterschied.
Lasst alles bis zur Ernte reifen,
dann wird das Unkraut man ergreifen,
es bündeln und verbrennen lassen,
den Weizen wird die Scheune fassen.«
Ihr wisst nun, auch wenn's uns missfällt,
warum viel Böses in der Welt.
Und erst am Ende aller Tage
beendet wird dann diese Plage.
Vielleicht fragt wer, was soll das heut?
Ist nicht bis dahin noch viel Zeit?

darauf sag ich: Nein, Gottes Reich
ist jetzt schon mitten unter euch,
ist hier und jetzt in unserer Zeit
und nicht erst in der Ewigkeit.

Zu guter Letzt

Jesu Reden, voll mit Bildern,
die uns das Reich Gottes schildern
sind so schlicht und einfallsreich,
dass man sie versteht sogleich.
So spricht der HERR vom Himmelreich,
es sei dem kleinen Senfkorn gleich,
das winzig – man bemerkt es kaum –
und dennoch wird zum großen Baum,
in dem die Vögel Nester bauen
Und darauf kann man fest vertrauen.
Des Weitr'en sei das Gottesreich
wie Sauerteig im großen Teig,
die Handvoll nur, die doch tut Not,
dass daraus wird dann gutes Brot.

Reich Gottes ist der tolle Schatz,
der in 'nem Acker seinen Platz

und den ein Mann durch Zufall fand,
nun hingeht und er kauft das Land,
muss sich von aller Habe trennen,
um diesen Schatz kaufen zu können.

Und ferner ist das Himmelreich
auch einem Perlen Kaufmann gleich,
der ne ganz tolle Perle fand,
alles verkaufte, sie erstand.

Reich Gottes ist wie Netz im Meer,
die Fischer ziehn es zu sich her
ganz voll mit Fischen, alle Arten.
Die Fischer können's kaum erwarten.
Am Ufer wird sogleich entleert,
was da der Himmel hat beschert,
die guten sammelt man vor Ort,
die schlechten Fische wirft man fort.
So wird's auch einst am Ende sein,
die Engel greifen helfend ein,
Sie sondern aus aus den Gerechten
befreien sie von allem Schlechten,

Nun wisst ihr also, wie das geht.
Lebt so, dass ihr am End besteht.

Dass meine Lieben ist's gewesen.
Es gab so manches hier zu lesen,
noch mehr zu lesen allemal
gibt's in der Bibel Original.
Nicht alles passt auf die paar Seiten,
doch kann die Bibel euch begleiten,
sowie in vielen tausend Jahren
Unzählige es ja erfahren.
Und viele haben gar ihr Leben
für diese Botschaft hingegeben!
Ich wünsch mir nur, was ich verkündet,
dass das bei euch vielleicht auch zündet!

euer Opa Werner

PS: Seid ihr auch Lesen nicht gewohnt,
glaubt mir sich dies' Lesen lohnt.

Von Diakon Kießig ist im
Bernardus-Verlag *außerdem erschienen:*

GOTT AUF DEN VERSEN

In launigen, auch für Kinder leicht verständlichen Versen erzählt Diakon Werner Kießig seinen Enkeln die wichtigsten Geschichten aus dem Alten Testament. Am Beispiel der Erschaffung der Welt und der Vertreibung aus dem Paradies sowie den Gestalten Noah, Moses und Josef zeigt er Gottes Wirken in der Welt und möchte damit auch anderen die prägende und tragende Kraft seines Lebens nahe bringen.

92 Seiten,
Softcover

EUR 9,00 (D)
EUR 9,30 (A)

ISBN: 978-3-934551-82-4

Von Diakon Kießig ist im
BERNARDUS-VERLAG *außerdem erschienen:*

IN DER BIBEL STEHT´S GESCHRIEBEN

Die Bibel, sie hat uns auch heut was zu sagen, so will auch ich den Versuch einmal wagen, in der kommenden Zeit hier ein paar Gedanken zu bringen, und hoffe dabei, es wird mir gelingen, das Bibelgeschehen für's Heute zu deuten, Gottes Botschaft zu sagen auch heutigen Leuten, denn eines steht fest und es ist nicht übertrieben, es steht doch alles in der Bibel schon geschrieben ...

2., überarbeitete Auflage 2018, 72 Seiten, Softcover

EUR 9,90 (D)
EUR 10,10 (A)

ISBN-13: 978-3-8107-0286-9

Von Diakon Kießig ist im
BERNARDUS-VERLAG *außerdem erschienen:*

GOTT AUF DEN VERSEN II

Wie Opa seinen Enkeln die Bibel erzählt

Solang habt ihr gehört, gelesen,
was damals alles ist gewesen,
was in der Bibel steht geschrieben,
für uns und alle, meine Lieben,
damit wir Gottes Tun erkennen
und nicht in unser Unglück rennen,
sondern uns ganz ihm übergeben
und so aus seiner Fülle leben.
Das Nächste, das ich nun berichte
aus dieser biblischen Geschichte
vom Gottesvolke Israel
steht in den Büchern Samuel.
So hört und lest nun aufmerksam
wie weiteren Verlauf es nahm.
Es geht, damit ihr euch nicht wundert
um mehr als viereinhalb Jahrhundert
vor Christus und der Zeitenwende
womit die Vorrede ich ende.

1. Auflage 2020, 66 Seiten, Softcover

EUR 9,80 [D]
EUR 10,10 [A]

ISBN-13: 978-3-8107-0321-7